Impressum
Verlag: BABADADA GmbH, Nedderfeld 112 , 22529 Hamburg
Geschäftsführer / Verlagsleitung: Harald Hof
Druck: Books on Demand GmbH, In de Tarpen 42, 22848 Norderstedt

Imprint
Publisher: BABADADA GmbH, Nedderfeld 112 , 22529 Hamburg, Germany
Managing Director / Publishing direction: Harald Hof
Print: Books on Demand GmbH, In de Tarpen 42, 22848 Norderstedt

Schule
el colegio

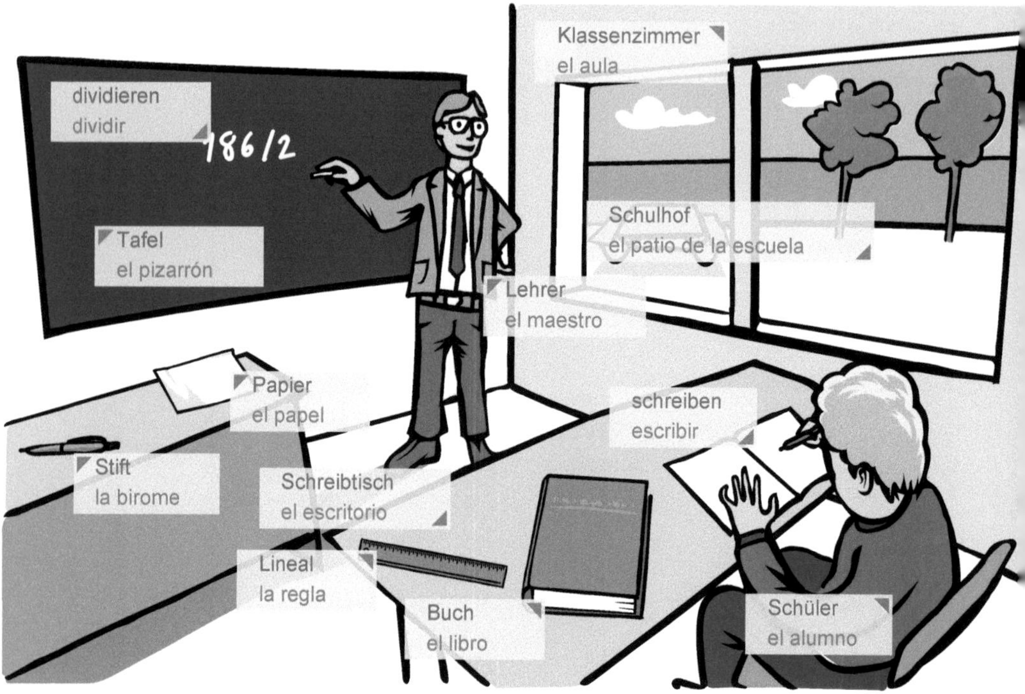
Klassenzimmer
el aula
dividieren
dividir
186/2
Tafel
el pizarrón
Schulhof
el patio de la escuela
Lehrer
el maestro
Papier
el papel
schreiben
escribir
Stift
la birome
Schreibtisch
el escritorio
Lineal
la regla
Buch
el libro
Schüler
el alumno

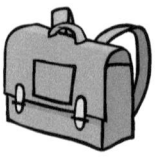

Ranzen

la mochila

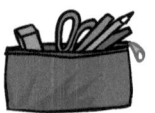

Federmappe

la caja de lápices

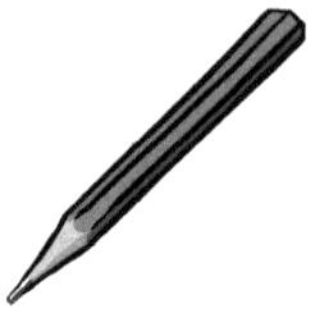

Bleistift

el lápiz

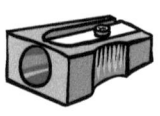

Bleistiftanspitzer

el sacapuntas

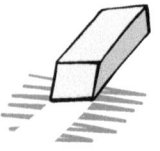

Radiergummi

la goma (de borrar)

Zeichenblock

el bloc de dibujo

Zeichnung

el dibujo

Pinsel

el pincel

Malkasten

la caja de pinturas

Schere

la tijera

Klebstoff

el pegamento

Übungsheft

el cuaderno de ejercicios

Hausaufgabe

la tarea

Zahl

el número

2+2

addieren

sumar

5-2

subtrahieren

restar

2×2

multiplizieren

multiplicar

rechnen

calcular

Buchstabe

la letra

Alphabet

el abecedario

Wort

la palabra

Text
el texto

lesen
leer

Kreide
la tiza

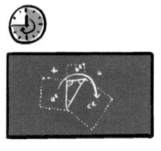

Stunde
la lección

Klassenbuch
el cuaderno de clase

Prüfung
el examen

Zeugnis
el certificado

Schuluniform
el uniforme escolar

Ausbildung
la educación

Lexikon
la enciclopedia

Universität
la universidad

Mikroskop
el microscopio

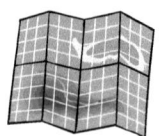

Karte
el mapa

Papierkorb
el tacho (de basura)

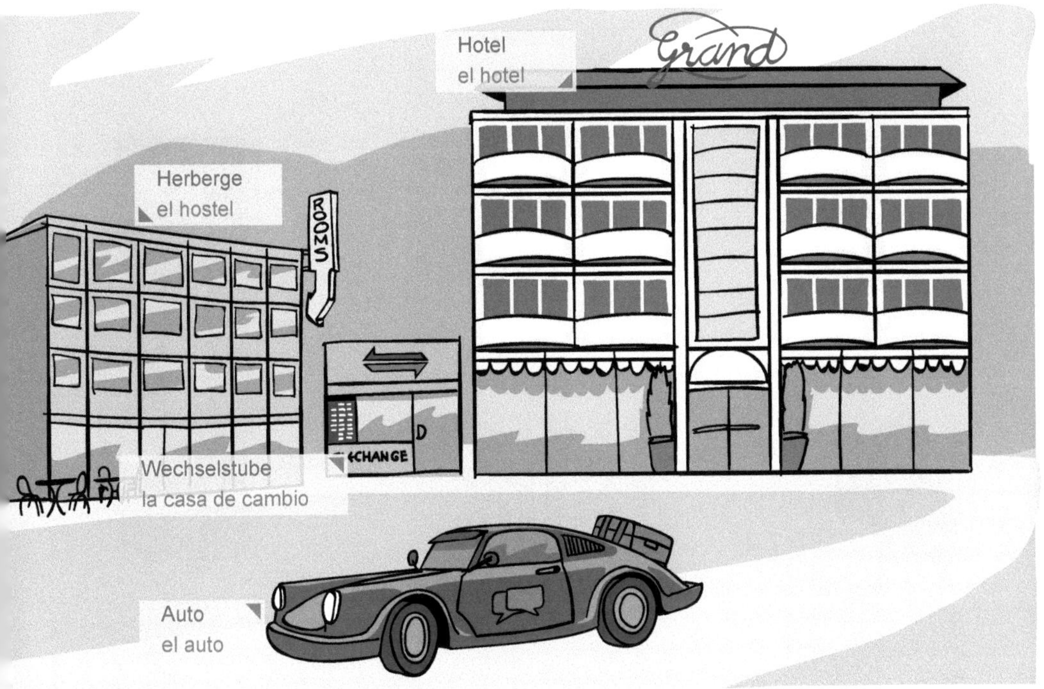

Hotel
el hotel
Grand
Herberge
el hostel
ROOMS
Wechselstube
la casa de cambio
EXCHANGE
Auto
el auto

Sprache

el idioma

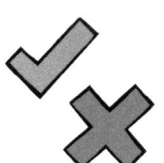

ja / nein

sí / no

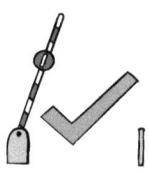

Okay

Está bien

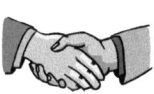

Hallo

hola

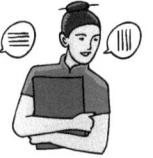

Übersetzer

el traductor

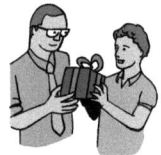

Danke

Gracias

Was kostet…?

¿cuánto cuesta…?

Ich verstehe nicht

No entiendo

Problem

el problema

Guten Abend!

¡Buenas tardes!

Guten Morgen!

¡Buenos días!

Gute Nacht!

¡Buenas noches!

Auf Wiedersehen

el adiós

Richtung

la dirección

Gepäck

el equipaje

Tasche

el bolso

Rucksack

la mochila

Gast

el invitado

Zimmer

la habitación

Schlafsack

la bolsa de dormir

Zelt

la carpa

Touristeninformation

la información turística

Strand

la playa

Kreditkarte

la tarjeta de crédito

Frühstück

el desayuno

Mittagessen

el almuerzo

Abendessen

la cena

Fahrkarte

el pasaje

Fahrstuhl

el ascensor

Briefmarke

el sello

Grenze

la frontera

Zoll

la aduana

Botschaft

la embajada

Visum

la visa

Pass

el pasaporte

Transport

el transporte

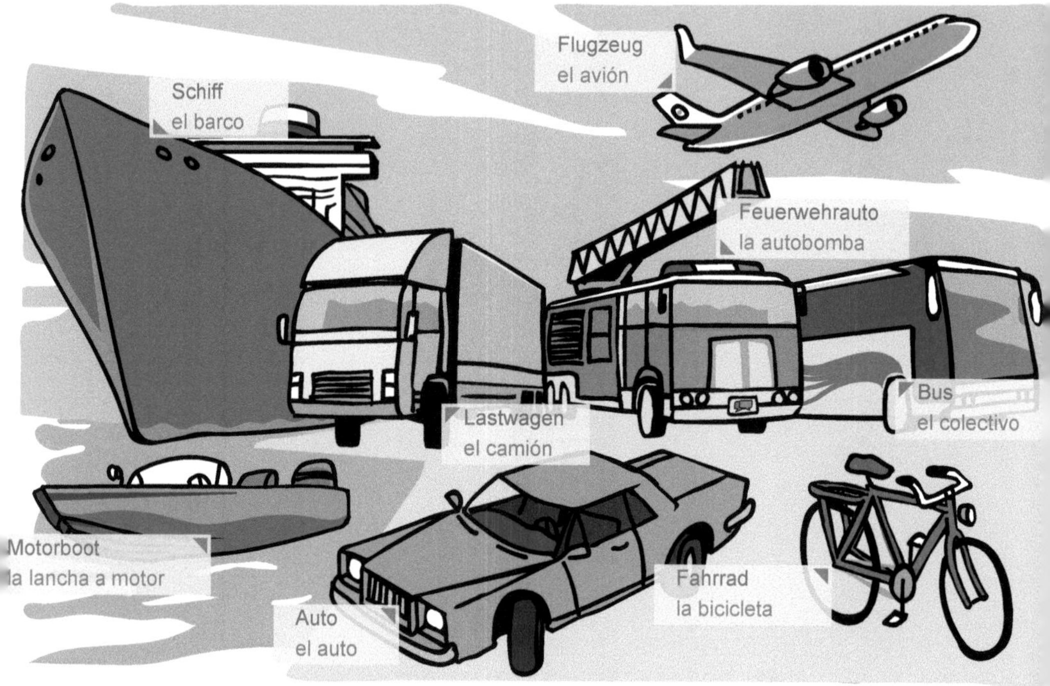

Flugzeug
el avión
Schiff
el barco
Feuerwehrauto
la autobomba
Bus
el colectivo
Lastwagen
el camión
Motorboot
la lancha a motor
Fahrrad
la bicicleta
Auto
el auto

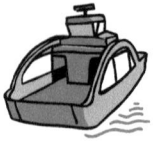

Fähre

el ferry

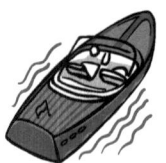

Boot

el bote

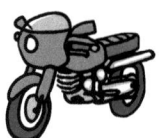

Motorrad

la moto

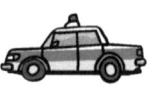

Polizeiauto

el patrullero

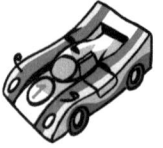

Rennauto

el auto de carreras

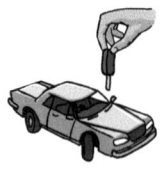

Mietwagen

el auto de alquiler

Carsharing

el alquiler de autos

Abschleppwagen

la grúa

Müllauto

el camión de la basura

Motor

el motor

Kraftstoff

la nafta

Tankstelle

la estación de servicio

Verkehrsschild

la señal de tránsito

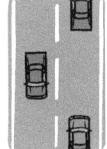

Verkehr

el tránsito

Stau

el embotellamiento

Parkplatz

el estacionamiento

Bahnhof

la estación de tren

Schienen

las vías

Zug

el tren

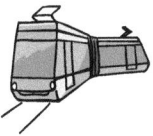

Straßenbahn

el tranvía

Wagon

el vagón

Helikopter

el helicóptero

Flughafen

el aeropuerto

Tower

la torre

Passagier

el pasajero

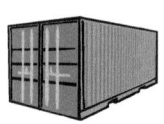

Container

el contenedor

Karton

la caja de cartón

Karren

la carretilla

Korb

la canasta

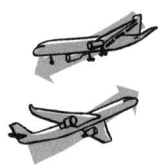

starten / landen

despegar / aterrizar

Stadt

la ciudad

Dorf

el pueblo

Stadtzentrum

el centro de la ciudad

Haus

la casa

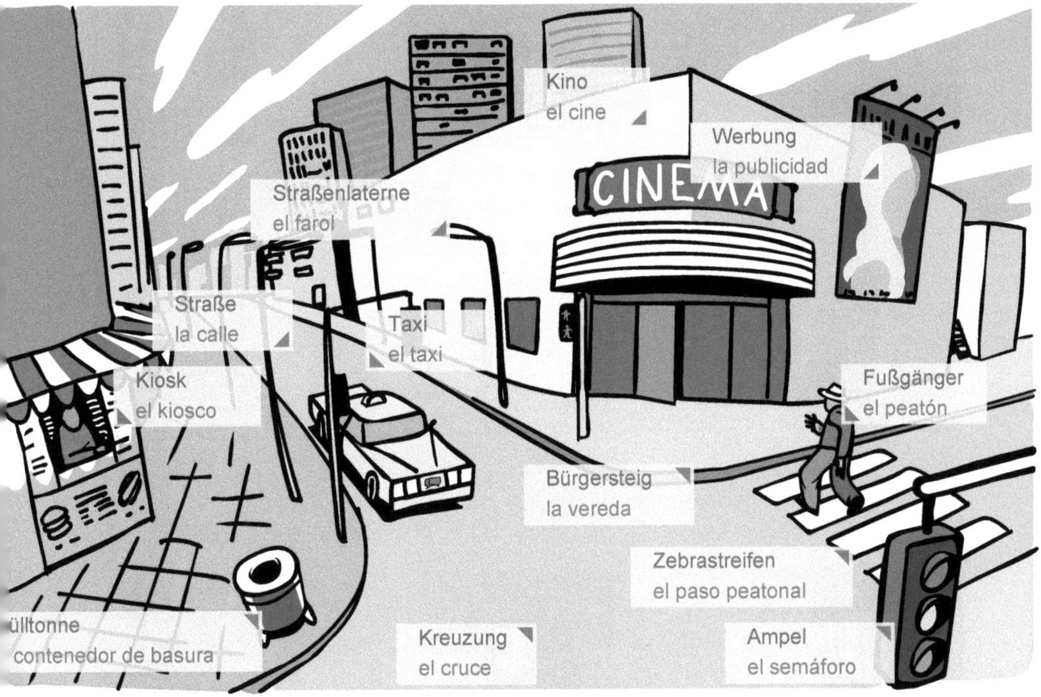

Kino
el cine

Werbung
la publicidad

Straßenlaterne
el farol

CINEMA

Straße
la calle

Taxi
el taxi

Kiosk
el kiosco

Fußgänger
el peatón

Bürgersteig
la vereda

Zebrastreifen
el paso peatonal

Mülltonne
contenedor de basura

Kreuzung
el cruce

Ampel
el semáforo

Hütte
la cabaña

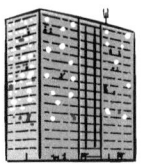

Wohnung
el departamento

Bahnhof
la estación de tren

Rathaus
la municipalidad

Museum
el museo

Schule
el colegio

Universität

la universidad

Bank

el banco

Krankenhaus

el hospital

Hotel

el hotel

Apotheke

la farmacia

Büro

la oficina

Buchhandlung

la librería

Geschäft

el negocio

Blumenladen

la florería

Supermarkt

el supermercado

Markt

el mercado

Kaufhaus

las grandes tiendas

Fischhändler

la pescadería

Einkaufszentrum

el centro comercial

Hafen

el puerto

Park

el parque

Bank

el banco

Brücke

el puente

Treppe

las escaleras

U-Bahn

el subte

Tunnel

el túnel

Bushaltestelle

la parada del colectivo

Bar

el bar

Restaurant

el restaurante

Briefkasten

el buzón

Straßenschild

el letrero

Parkuhr

el parquímetro

Zoo

el zoológico

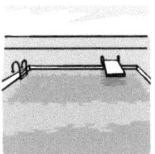

Badeanstalt

la pileta

Moschee

la mezquita

Bauernhof
la granja

Umweltverschmutzung
la contaminación

Friedhof
el cementerio

Kirche
la iglesia

Spielplatz
los juegos infantiles

Tempel
el templo

Landschaft
el paisaje

Wegweiser
el poste indicador

Weg
el camino

Wiese
la pradera

Stein
la piedra

Baum
el árbol

Wanderer
el excursionista

Fluss
el río

Gras
la hierba

Blume
la flor

Tal
el valle

Berg
la montaña

See
el lago

Wald
el bosque

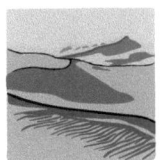

Wüste
el desierto

Vulkan
el volcán

Schloss
el castillo

Regenbogen
el arco iris

Pilz
el champiñón

Palme
la palmera

Moskito
el mosquito

Fliege
la mosca

Ameise
la hormiga

Biene
la abeja

Spinne
la araña

Käfer

el escarabajo

Frosch

la rana

Eichhörnchen

la ardilla

Igel

el erizo

Hase

la liebre

Eule

la lechuza

Vogel

el pájaro

Schwan

el cisne

Wildschwein

el jabalí

Hirsch

el ciervo

Elch

el alce

Staudamm

la presa

Windrad

el aerogenerador

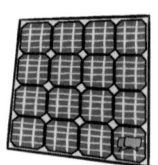

Solarmodul

el panel solar

Klima

el clima

Landschaft - el paisaje

Restaurant
el restaurante

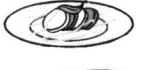

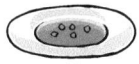

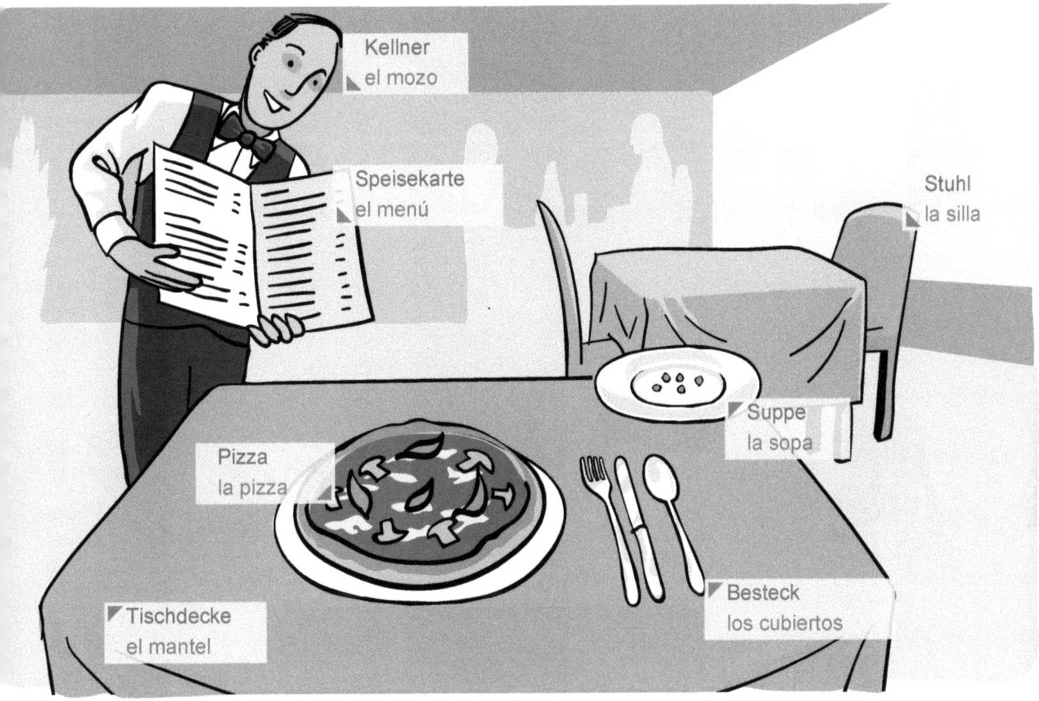

Kellner
el mozo
Speisekarte
el menú
Stuhl
la silla
Suppe
la sopa
Pizza
la pizza
Besteck
los cubiertos
Tischdecke
el mantel

Vorspeise

la entrada

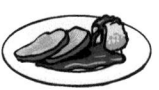

Hauptgericht

el plato principal

Nachspeise

el postre

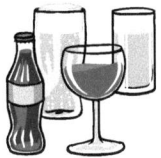

Getränke

las bebidas

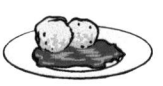

Essen

la comida

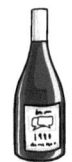

Flasche

la botella

Fastfood

la comida rápida

Streetfood

la comida callejera

Teekanne

la tetera

Zuckerdose

la azucarera

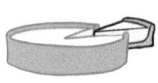

Portion

la porción

Espressomaschine

la cafetera expreso

Hochstuhl

la sillita alta

Rechnung

la cuenta

Tablett

la bandeja

Messer

el cuchillo

Gabel

el tenedor

Löffel

la cuchara

Teelöffel

la cucharita

Serviette

la servilleta

Glas

el vaso

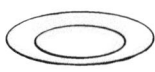

Teller
el plato

Suppenteller
el plato hondo

Untertasse
el plato

Sauce
la salsa

Salzstreuer
el salero

Pfeffermühle
el molinillo de pimienta

Essig
el vinagre

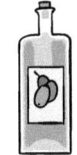

Öl
el aceite

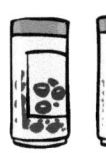

Gewürze
las especias

Ketchup
el kétchup

Senf
la mostaza

Mayonnaise
la mayonesa

Supermarkt
el supermercado

Angebot
la oferta especial
FOR
Kunde
el cliente
Milchprodukte
los lácteos
Obst
la fruta
Einkaufswagen
el changuito

BUTCHERS

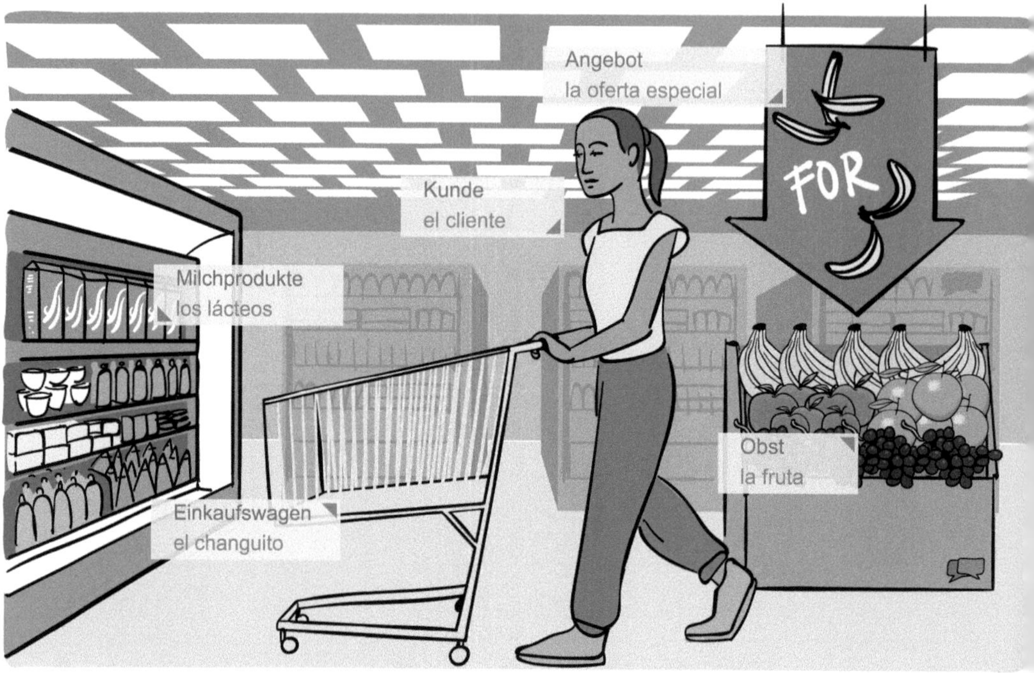

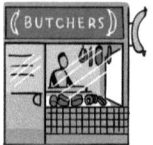

Schlachterei

la carnicería

BAKERY

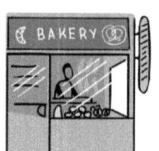

Bäckerei

la panadería

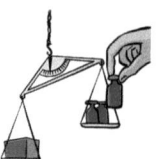

wiegen

pesar

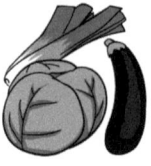

Gemüse

las verduras

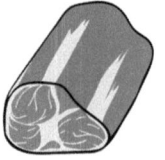

Fleisch

la carne

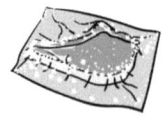

Tiefkühlkost

los alimentos congelados

Aufschnitt

los fiambres

Konserven

los alimentos enlatados

Waschmittel

el detergente en polvo

Süßigkeiten

las golosinas

Haushaltsartikel

los electrodomésticos

Reinigungsmittel

los productos de limpieza

Verkäuferin

la vendedora

Kasse

la caja

Kassierer

el cajero

Einkaufsliste

la lista de compras

Öffnungszeiten

el horario de atención

Brieftasche

la billetera

Kreditkarte

la tarjeta de crédito

Tasche

la cartera

Plastiktüte

la bolsa de plástico

las bebidas

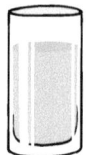

Wasser

el agua

Saft

el jugo

Milch

la leche

Cola

la bebida cola

Wein

el vino

Bier

la cerveza

Alkohol

el alcohol

Kakao

el cacao

Tee

el té

Kaffee

el café

Espresso

el café expreso

Cappuccino

el cappuccino

Banane

la banana

Apfel

la manzana

Orange

la naranja

Melone

el melón

Zitrone

el limón

Karotte

la zanahoria

Knoblauch

el ajo

Bambus

el bambú

Zwiebel

la cebolla

Pilz

el champiñón

Nüsse

las nueces

Nudeln

los fideos

Spaghetti

los tallarines

Reis

el arroz

Salat

la ensalada

Pommes frites

las papas fritas

Bratkartoffeln

las papas fritas

Pizza

la pizza

Hamburger

la hamburguesa

Sandwich

el sándwich

Schnitzel

el churrasco

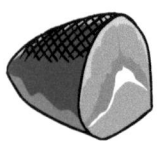

Schinken

el jamón

Salami

el salame

Wurst

la salchicha

Huhn

el pollo

Braten

el asado

Fisch

el pescado

Haferflocken

los copos de avena

Müsli

el muesli

Cornflakes

los copos de maíz

Mehl

la harina

Croissant

la medialuna

Brötchen

el pancito

Brot

el pan

Toast

la tostada

Kekse

las galletitas

Butter

la manteca

Quark

la cuajada

Kuchen

la torta

Ei

el huevo

Spiegelei

el huevo frito

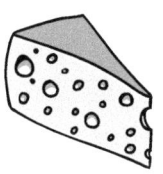

Käse

el queso

Eiscreme

el helado

Zucker

el azúcar

Honig

la miel

Marmelade

la mermelada

Nougat-Creme

la pasta de chocolate

Curry

el curry

Bauernhof
la granja

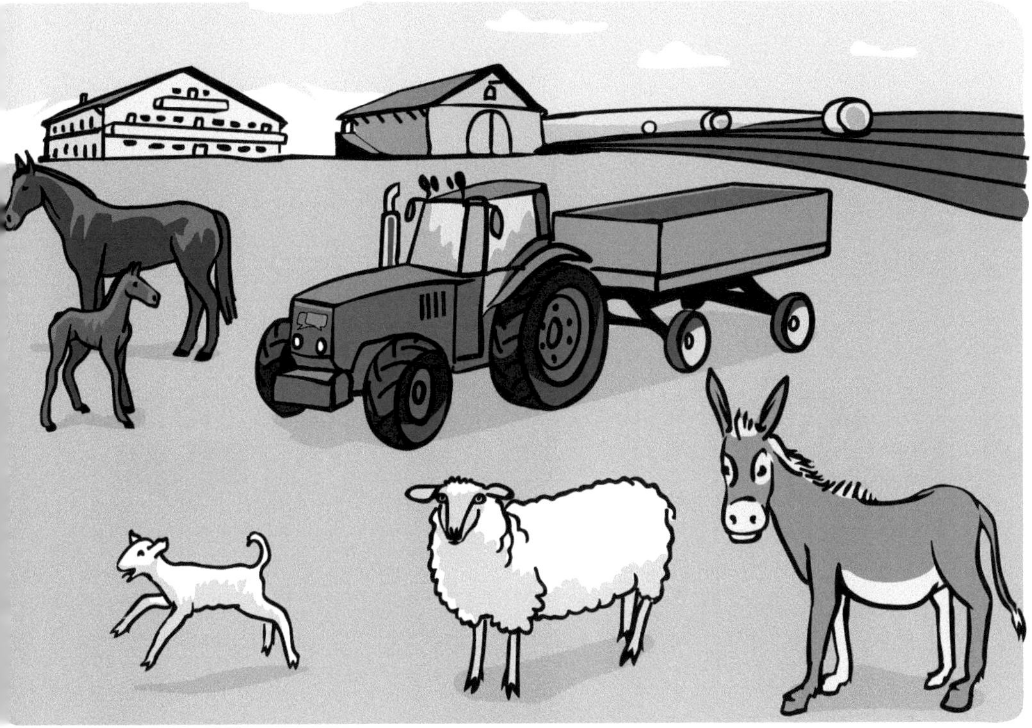

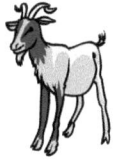

Ziege

la cabra

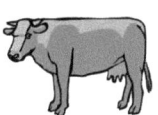

Kuh

la vaca

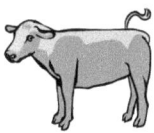

Kalb

el ternero

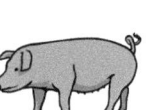

Schwein

el cerdo

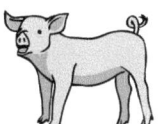

Ferkel

el lechón

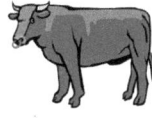

Bulle

el toro

Gans

el ganso

Ente

el pato

Küken

el pollo

Huhn

la gallina

Hahn

el gallo

Ratte

la rata

Katze

el gato

Maus

el ratón

Ochse

el buey

Hund

el perro

Hundehütte

la cucha

Gartenschlauch

la manguera

Gießkanne

la regadera

Sense

la guadaña

Pflug

el arado

Sichel

la hoz

Hacke

la azada

Mistgabel

la horquilla

Axt

el hacha

Schubkarre

la carretilla

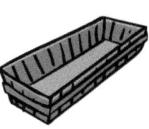

Trog

el abrevadero

Milchkanne

la lechera

Sack

la bolsa

Zaun

la reja

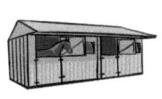

Stall

el establo

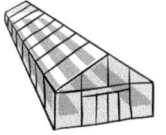

Treibhaus

el invernadero

Boden

el suelo

Saat

la semilla

Dünger

el fertilizador

Mähdrescher

la cosechadora

ernten
cosechar

Ernte
la cosecha

Yamswurzel
las batatas

Weizen
el trigo

Soja
la soja

Kartoffel
la papa

Mais
el maíz

Raps
la semilla de colza

Obstbaum
el árbol frutal

Maniok
la mandioca

Getreide
los cereales

Haus
la casa

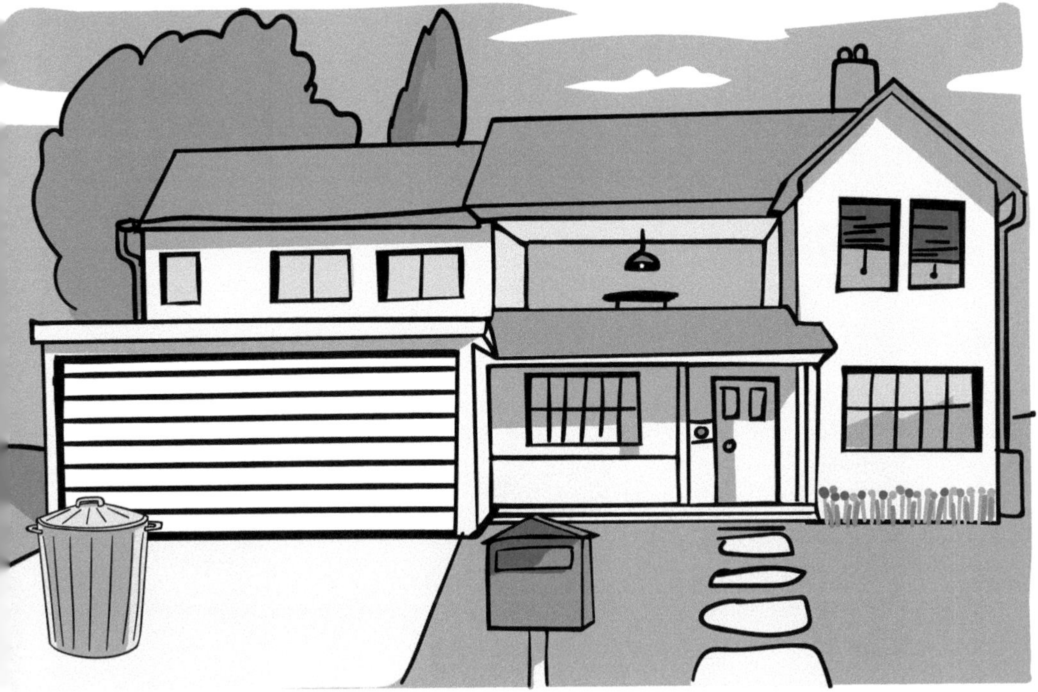

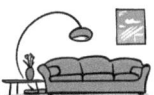

Wohnzimmer

el living

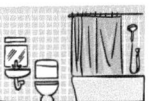

Badezimmer

el baño

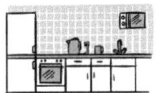

Küche

la cocina

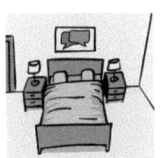

Schlafzimmer

el dormitorio

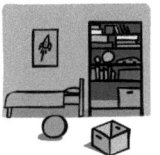

Kinderzimmer

el cuarto de los chicos

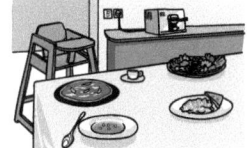

Esszimmer

el comedor

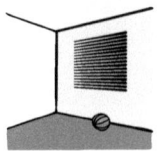

Boden

el piso

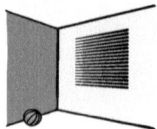

Wand

la pared

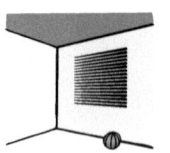

Decke

el cielorraso

Keller

el sótano

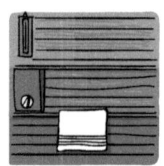

Sauna

el sauna

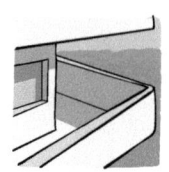

Balkon

el balcón

Terrasse

la terraza

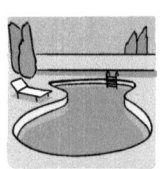

Schwimmbad

la pileta

Rasenmäher

la cortadora de pasto

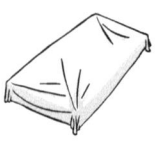

Bettbezug

la sábana

Bettdecke

el acolchado

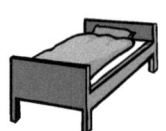

Bett

la cama

Besen

la escoba

Eimer

el balde

Schalter

el interruptor

Wohnzimmer
el living

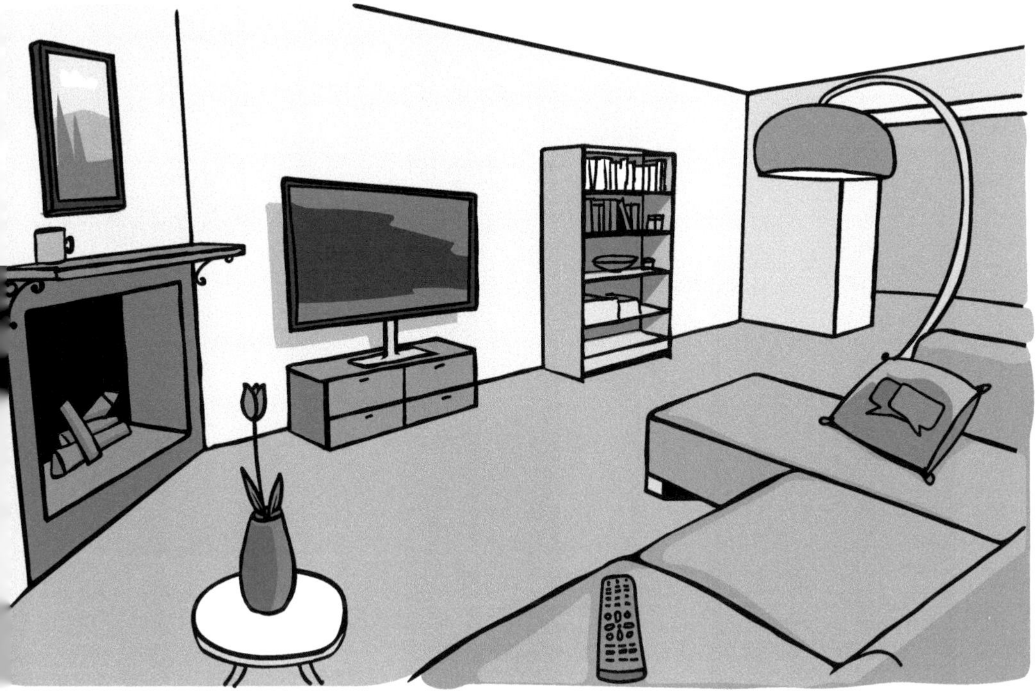

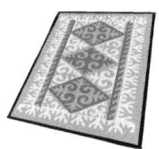

Teppich

la alfombra

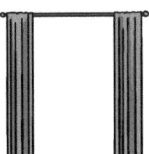

Vorhang

la cortina

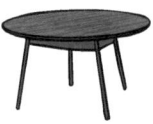

Tisch

la mesa

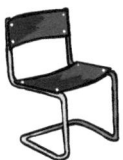

Stuhl

la silla

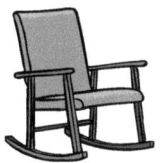

Schaukelstuhl

la mecedora

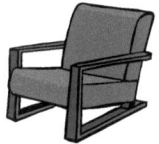

Sessel

el sillón

Buch

el libro

Decke

la frazada

Dekoration

la decoración

Feuerholz

la leña

Film

la película

Stereoanlage

el equipo de música

Schlüssel

la llave

Zeitung

el diario

Gemälde

la pintura

Poster

el póster

Radio

la radio

Notizblock

el cuaderno

Staubsauger

la aspiradora

Kaktus

el cactus

Kerze

la vela

Küche
la cocina

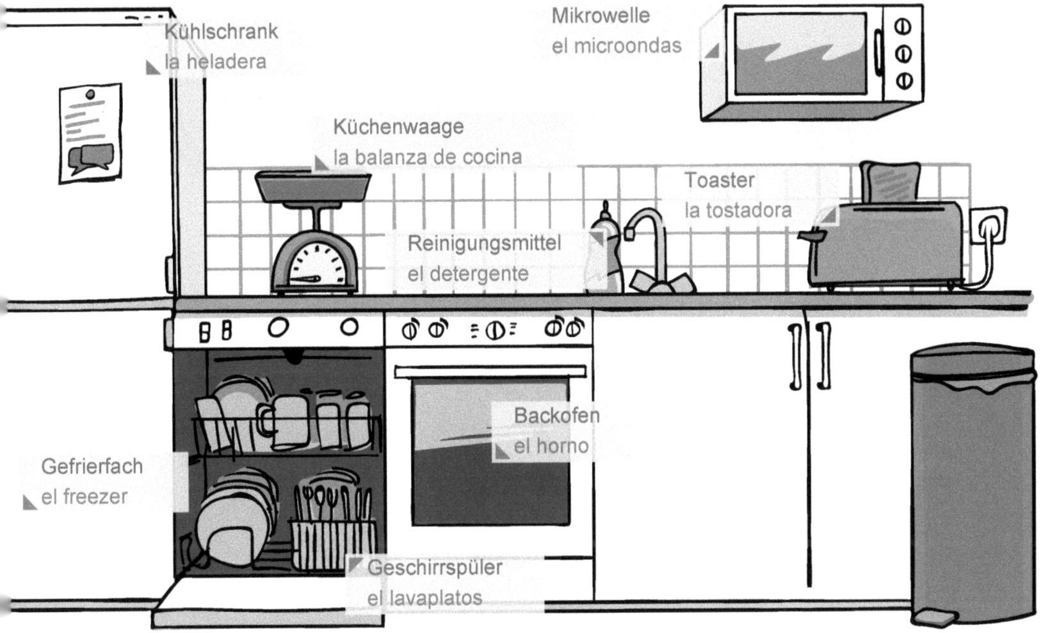

Kühlschrank
la heladera
Mikrowelle
el microondas
Küchenwaage
la balanza de cocina
Toaster
la tostadora
Reinigungsmittel
el detergente
Backofen
el horno
Gefrierfach
el freezer
Geschirrspüler
el lavaplatos

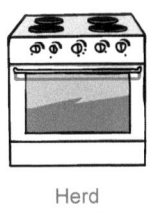

Herd

la cocina

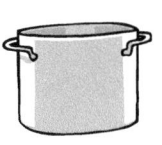

Topf

la olla

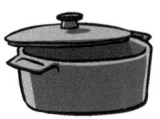

Eisentopf

la olla de hierro fundido

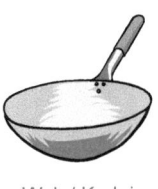

Wok / Kadai

el wok

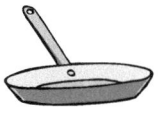

Pfanne

la sartén

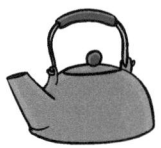

Wasserkocher

la pava

Dampfgarer

la vaporera

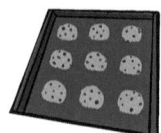

Backblech

la bandeja de horno

Geschirr

la vajilla

Becher

la taza

Schale

el bol

Essstäbchen

los palitos

Suppenkelle

el cucharón

Pfannenwender

la espátula

Schneebesen

la batidora

Kochsieb

el colador

Sieb

el colador

Reibe

el rallador

Mörser

el mortero

Grill

la parrilla

Feuerstelle

la fogata

Schneidebrett

la tabla de picar

Nudelholz

el palo de amasar

Korkenzieher

el sacacorchos

Dose

la lata

Dosenöffner

el abrelatas

Topflappen

la manopla

Waschbecken

la pileta

Bürste

el cepillo

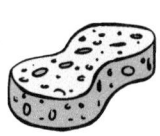

Schwamm

la esponja

Mixer

la batidora

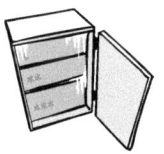

Gefriertruhe

el congelador

Babyflasche

la mamadera

Wasserhahn

la canilla

Badezimmer

el baño

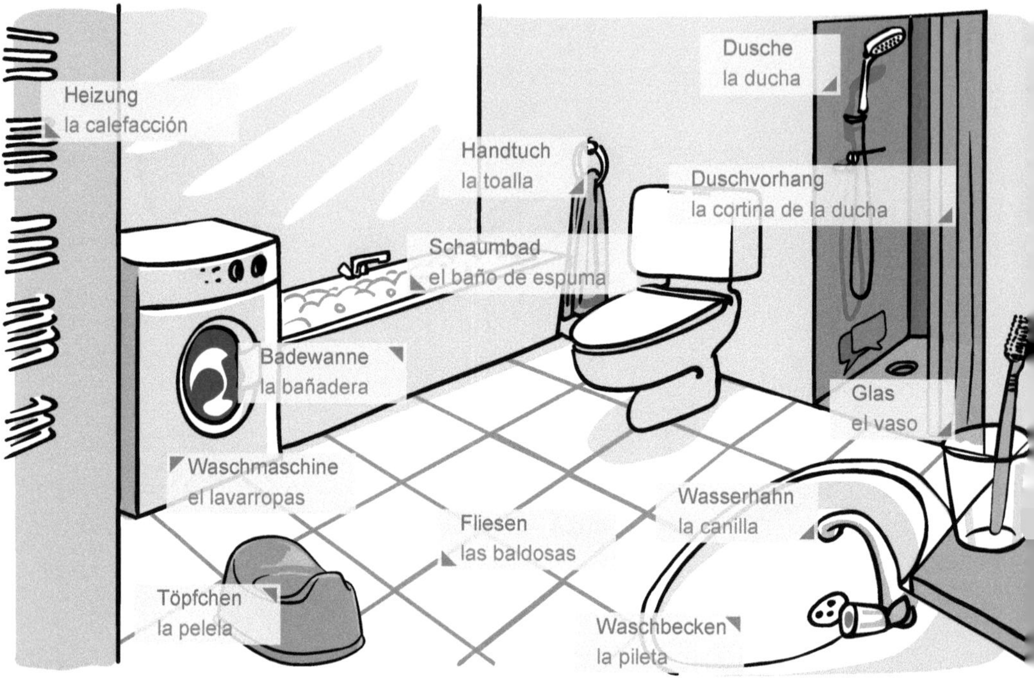
Heizung
la calefacción
Handtuch
la toalla
Dusche
la ducha
Duschvorhang
la cortina de la ducha
Schaumbad
el baño de espuma
Badewanne
la bañadera
Glas
el vaso
Waschmaschine
el lavarropas
Wasserhahn
la canilla
Fliesen
las baldosas
Töpfchen
la pelela
Waschbecken
la pileta

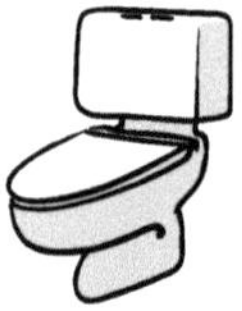

Toilette

el inodoro

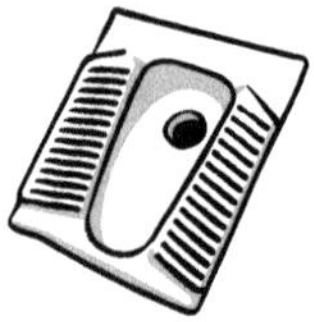

Hocktoilette

la letrina

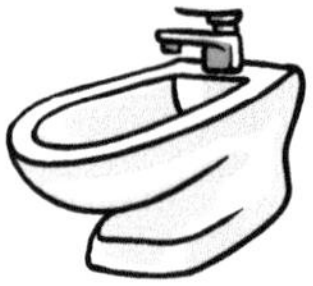

Bidet

el bidé

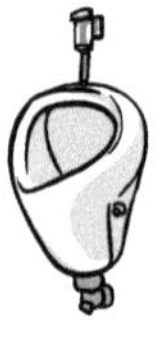

Pissoir

el mingitorio

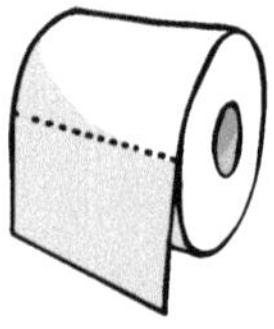

Toilettenpapier

el papel higiénico

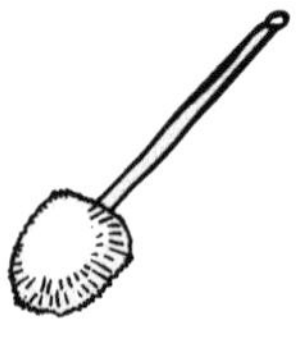

Toilettenbürste

el cepillo para el inodoro

Zahnbürste

el cepillo de dientes

Zahnpasta

el dentífrico

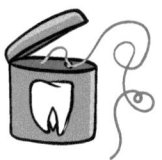

Zahnseide

el hilo dental

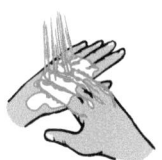

waschen

lavar

Handbrause

la ducha de mano

Intimdusche

la ducha higiénica

Waschschüssel

la palangana

Rückenbürste

el cepillo para la espalda

Seife

el jabón

Duschgel

el gel de ducha

Shampoo

el shampoo

Waschlappen

la toallita

Abfluss

el desagüe

Creme

la crema

Deodorant

el desodorante

Spiegel

el espejo

Kosmetikspiegel

el espejito

Rasierer

la maquinita de afeitar

Rasierschaum

la espuma de afeitar

Rasierwasser

el aftershave

Kamm

el peine

Bürste

el cepillo

Föhn

el secador de pelo

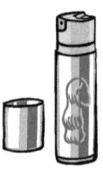

Haarspray

el spray

Makeup

el maquillaje

Lippenstift

el lápiz de labios

Nagellack

el esmalte para uñas

Watte

el algodón

Nagelschere

la tijera para uñas

Parfum

el perfume

Kulturbeutel

el portacosméticos

Hocker

la banqueta

Waage

la balanza

Bademantel

la bata

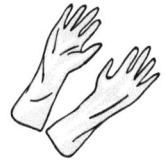

Gummihandschuhe

los guantes de goma

Tampon

el tampón

Damenbinde

la toallita femenina

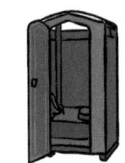

Chemietoilette

el baño químico

Kinderzimmer
el cuarto de los chicos

Wecker
el despertador
Kuscheltier
el peluche
Spielzeugauto
el coche de juguete
Rassel
el sonajero
Puppenhaus
la casa de muñecas
Geschenk
el regalo

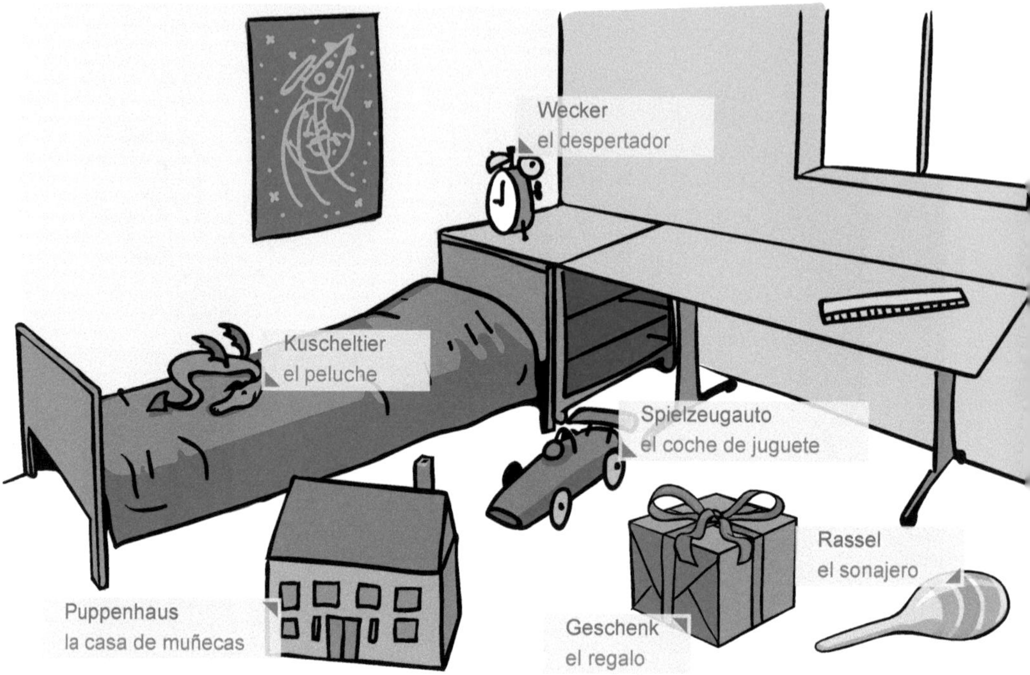

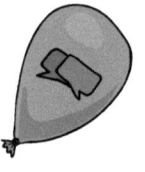

Ballon

el globo

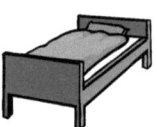

Bett

la cama

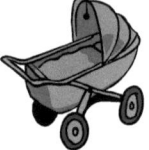

Kinderwagen

el cochecito

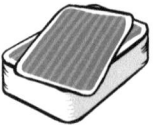

Kartenspiel

las cartas

Puzzle

el rompecabezas

SUPER
MEGA

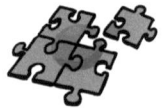

Comic

la historieta

Legosteine

las piezas de lego

Bausteine

los ladrillos de juguete

Action Figur

la figura de acción

Strampelanzug

el enterito (de bebé)

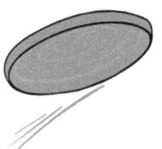

Frisbee

el frisbee

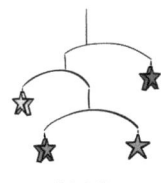

Mobile

el móvil para bebés

Brettspiel

el juego de mesa

Würfel

los dados

Modelleisenbahn

el tren eléctrico

Schnuller

el chupete

Party

la fiesta

Bilderbuch

el libro de cuentos ilustrado

Ball

la pelota

Puppe

la muñeca

spielen

jugar

Sandkasten

el arenero

Schaukel

la hamaca

Spielzeug

los juguetes

Spielkonsole

la consola de videojuegos

Dreirad

el triciclo

Teddy

el osito de peluche

Kleiderschrank

el armario

Kleidung

la ropa

Socken

las medias

Strümpfe

las medias panty

Strumpfhose

las calzas

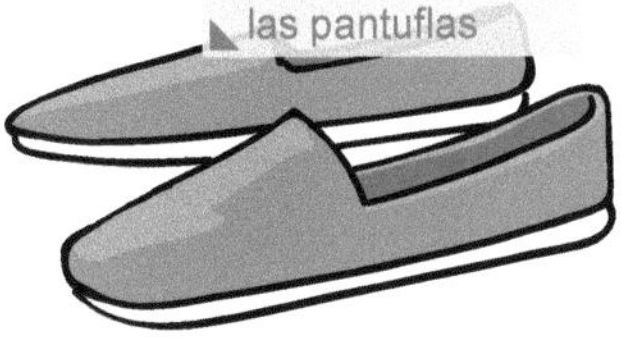

Schal
la bufanda

Regenschirm
el paraguas

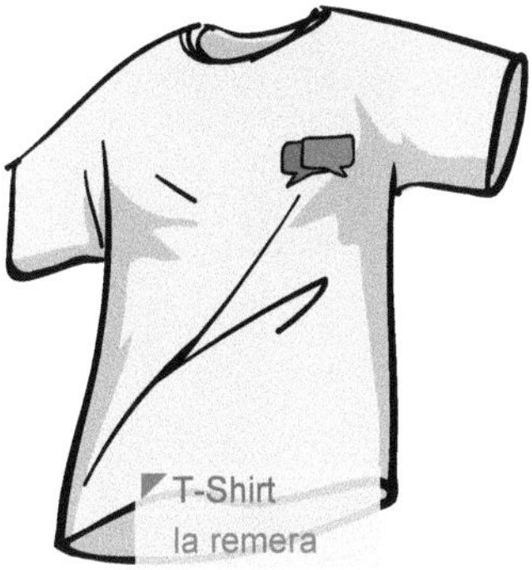

T-Shirt
la remera

Gürtel
el cinturón

Stiefel
las botas

Hausschuhe
las pantuflas

Turnschuhe
las zapatillas

Sandalen
....
las sandalias

Schuhe
....
los zapatos

Gummistiefel
....
las botas de goma

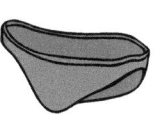

Unterhose
....
la ropa interior

Büstenhalter
....
el corpiño

Unterhemd
....
el chaleco

Body

el body

Hose

los pantalones

Jeans

los jeans

Rock

la pollera

Bluse

la blusa

Hemd

la camisa

Pullover

el pulóver

Kapuzenpullover

el buzo

Blazer

el blazer

Jacke

la campera

Mantel

el tapado

Regenmantel

el piloto

Kostüm

el traje

Kleid

el vestido

Hochzeitskleid

el vestido de novia

Anzug

el traje

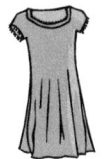

Nachthemd

el camisón

Schlafanzug

el pijama

Sari

el sari

Kopftuch

el pañuelo para la cabeza

Turban

el turbante

Burka

la burka

Kaftan

el caftán

Abaya

la abaya

Badeanzug

el traje de baño

Badehose

el short de baño

Kurze Hose

los shorts

Trainingsanzug

el jogging

Schürze

el delantal

Handschuhe

los guantes

Knopf
el botón

Brille
los anteojos

Armband
la pulsera

Halskette
el collar

Ring
el anillo

Ohrring
el aro

Mütze
la gorra

Kleiderbügel
la percha

Hut
el sombrero

Krawatte
la corbata

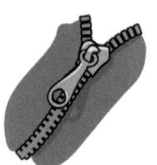

Reißverschluss
el cierre

Helm
el casco

Hosenträger
los tiradores

Schuluniform
el uniforme escolar

Uniform
el uniforme

Lätzchen
el babero

Schnuller
el chupete

Windel
el pañal

Büro
la oficina

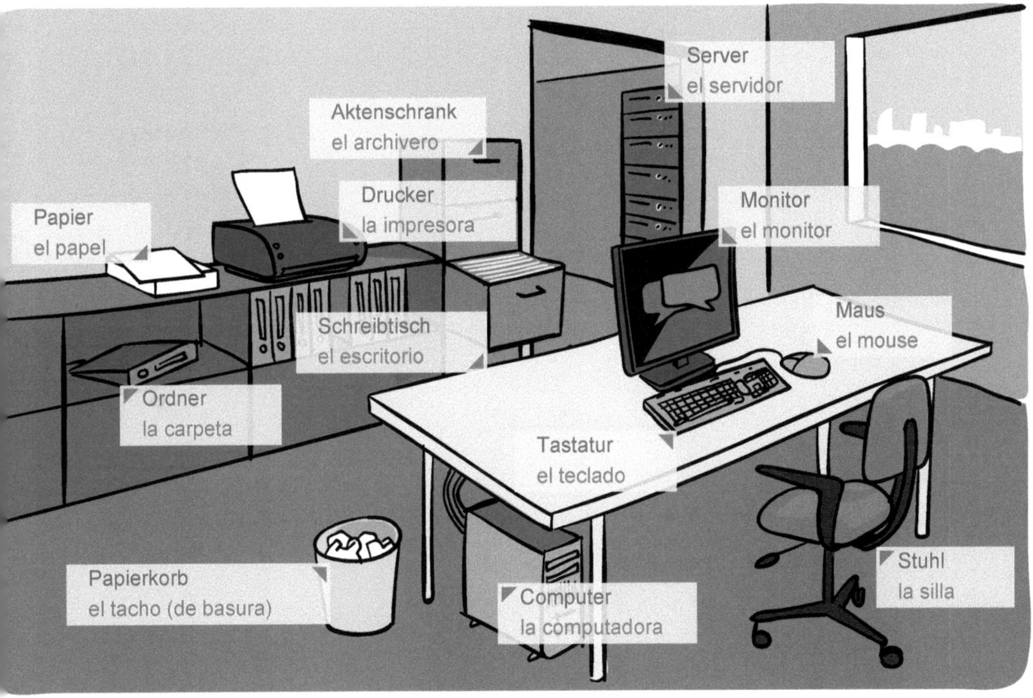

Server
el servidor

Aktenschrank
el archivero

Drucker
la impresora

Monitor
el monitor

Papier
el papel

Schreibtisch
el escritorio

Maus
el mouse

Ordner
la carpeta

Tastatur
el teclado

Papierkorb
el tacho (de basura)

Stuhl
la silla

Computer
la computadora

Kaffeebecher
la taza de café

Taschenrechner
la calculadora

Internet
el internet

Laptop

la laptop

Brief

la carta

Nachricht

el mensaje

Handy

el celular

Netzwerk

la red

Kopierer

la fotocopiadora

Software

el software

Telefon

el teléfono

Steckdose

el tomacorriente

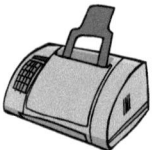

Fax

el fax

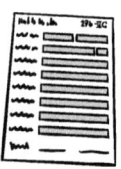

Formular

el formulario

Dokument

el documento

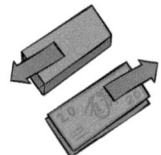

kaufen

comprar

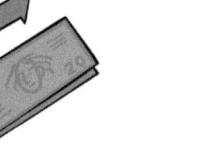

bezahlen

pagar

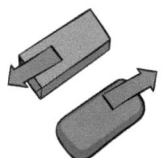

handeln

hacer negocios

Geld

el dinero

Dollar

el dólar

Euro

el euro

Yen

el yen

Rubel

el rublo

Franken

el franco suizo

Renminbi Yuan

el yuan

Rupie

la rupia

Geldautomat

el cajero automático

Wechselstube

la casa de cambio

Gold

el oro

Silber

la plata

Öl

el petróleo

Energie

la energía

Preis

el precio

Vertrag

el contrato

Steuer

el impuesto

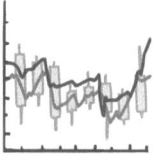

Aktie

la acción

arbeiten

trabajar

Angestellter

el empleado

Arbeitgeber

el empleador

Fabrik

la fábrica

Geschäft

el negocio

Berufe

las ocupaciones

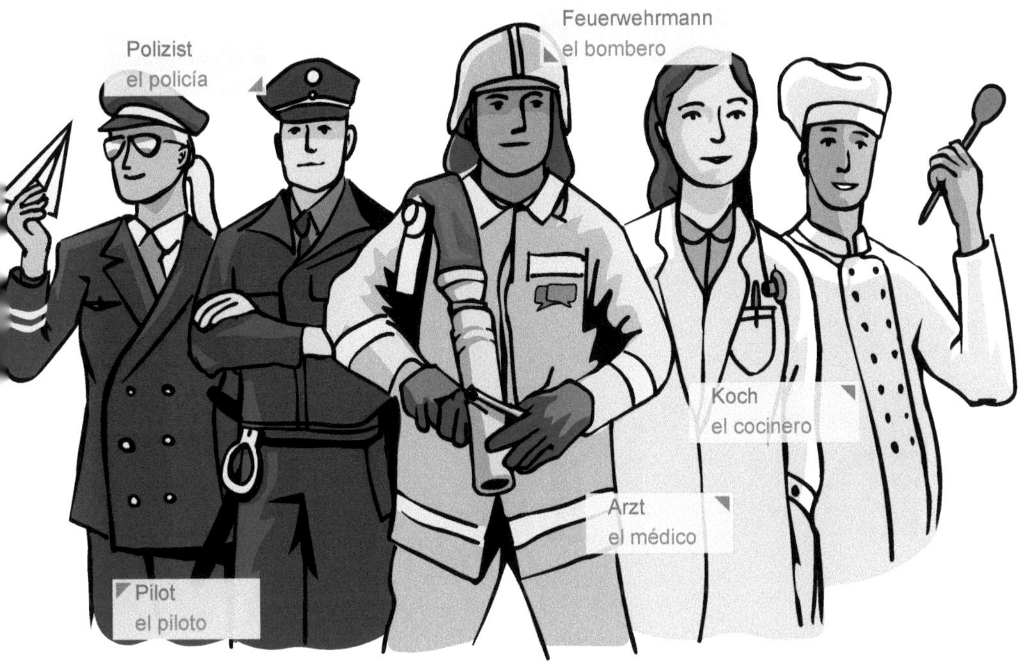
Feuerwehrmann
el bombero
Polizist
el policía
Koch
el cocinero
Arzt
el médico
Pilot
el piloto

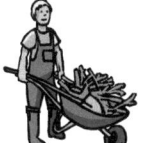

Gärtner

el jardinero

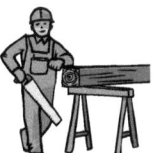

Tischler

el carpintero

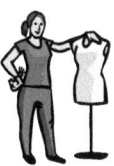

Näherin

la modista

Richter

el juez

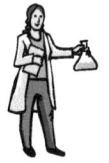

Chemiker

el farmacéutico

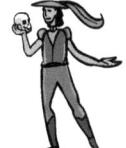

Schauspieler

el actor

Busfahrer

el colectivero

Taxifahrer

el taxista

Fischer

el pescador

Putzfrau

la mucama

Dachdecker

el techista

Kellner

el mozo

Jäger

el cazador

Maler

el pintor

Bäcker

el panadero

Elektriker

el electricista

Bauarbeiter

el albañil

Ingenieur

el ingeniero

Schlachter

el carnicero

Klempner

el plomero

Postbote

el cartero

Soldat

el soldado

Architekt

el arquitecto

Kassierer

el cajero

Florist

el florista

Friseur

el peluquero

Schaffner

el cobrador

Mechaniker

el mecánico

Kapitän

el capitán

Zahnarzt

el dentista

Wissenschaftler

el científico

Rabbi

el rabino

Imam

el imán

Mönch

el monje

Geistlicher

el sacerdote

Werkzeuge
las herramientas

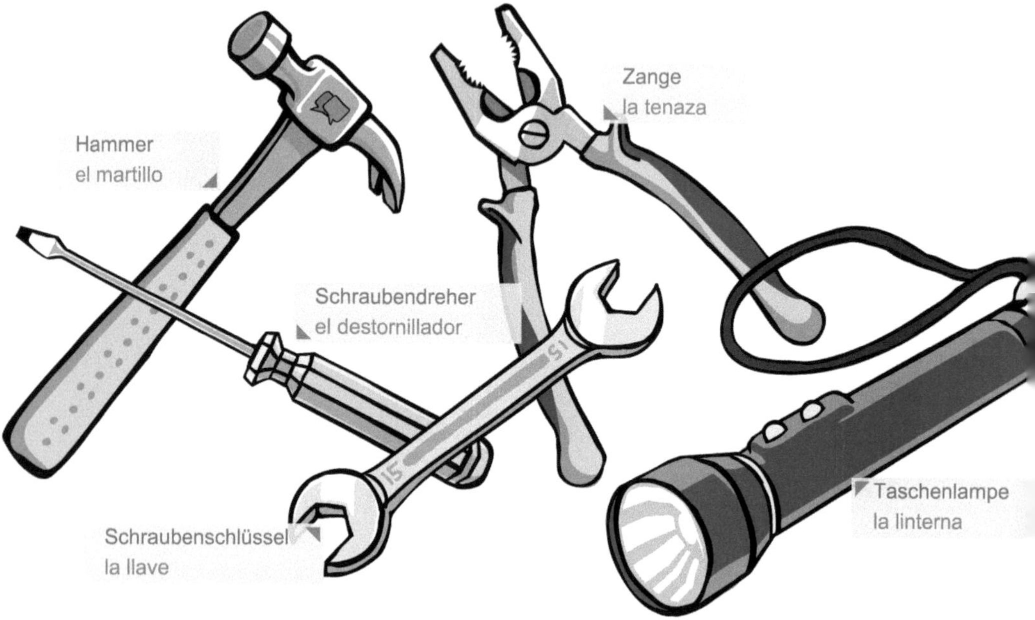
Zange
la tenaza
Hammer
el martillo
Schraubendreher
el destornillador
Taschenlampe
la linterna
Schraubenschlüssel
la llave

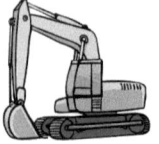

Bagger
la excavadora

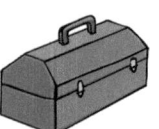

Werkzeugkasten
la caja de herramientas

Leiter
la escalera portátil

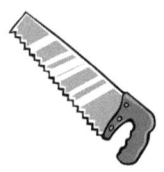

Säge
la sierra

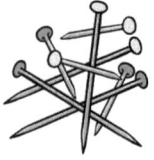

Nägel
los clavos

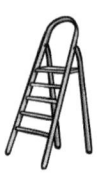

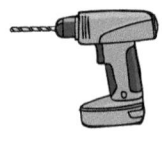

Bohrer
el taladro

reparieren
arreglar

Schaufel
la pala de jardín

Mist!
¡Qué bronca!

Kehrblech
la pala de plástico

Farbtopf
el tacho de pintura

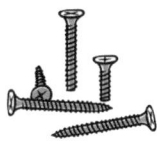

Schrauben
los tornillos

Musikinstrumente
los instrumentos musicales

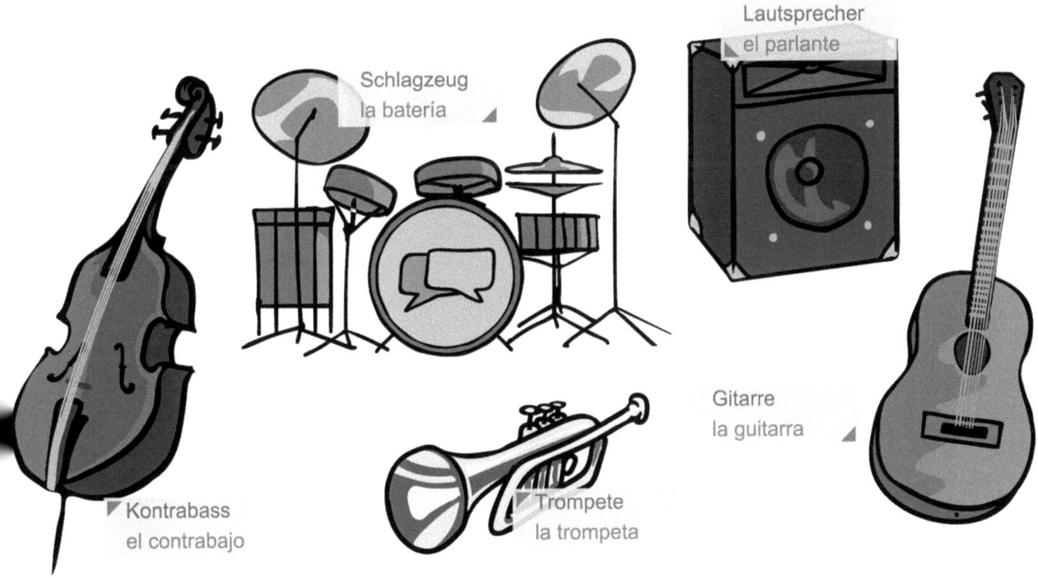

Schlagzeug
la batería

Lautsprecher
el parlante

Gitarre
la guitarra

Kontrabass
el contrabajo

Trompete
la trompeta

Klavier

el piano

Violine

el violín

Bass

el bajo

Pauke

los timbales

Trommeln

el tambor

Keyboard

el teclado

Saxophon

el saxofón

Flöte

la flauta

Mikrofon

el micrófono

Zoo

el zoológico

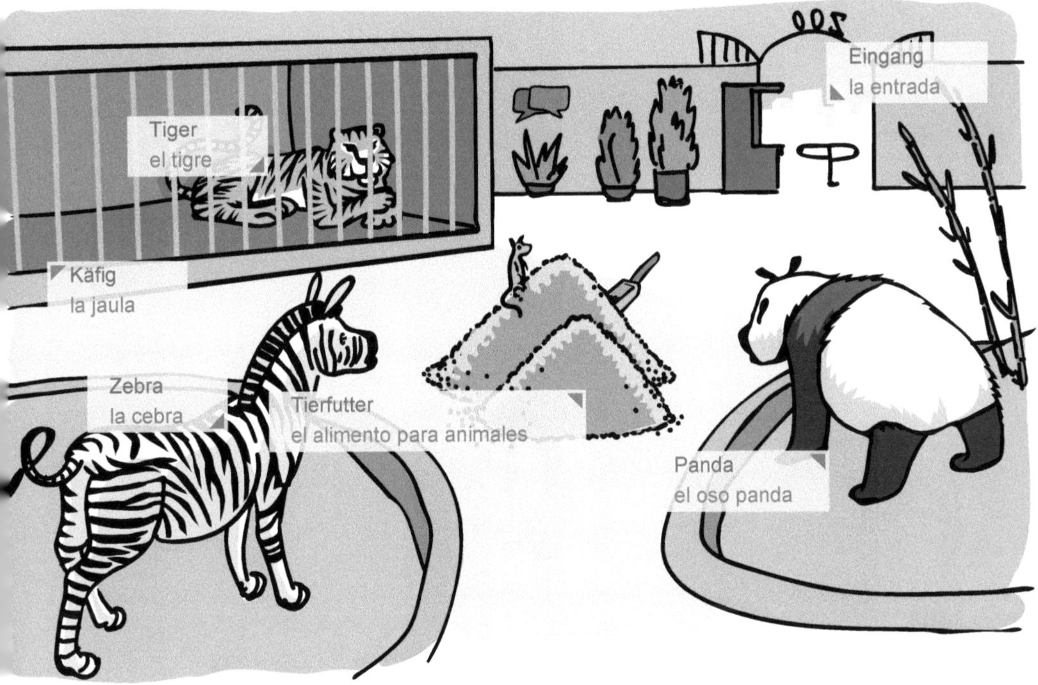
Tiger
el tigre
Eingang
la entrada
Käfig
la jaula
Zebra
la cebra
Tierfutter
el alimento para animales
Panda
el oso panda

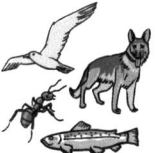

Tiere

los animales

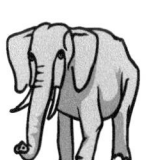

Elefant

el elefante

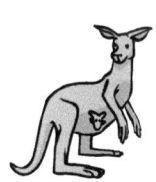

Känguru

el canguro

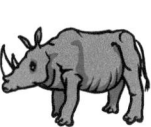

Nashorn

el rinoceronte

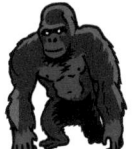

Gorilla

el gorila

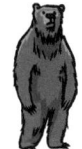

Bär

el oso

Kamel
el camello

Strauß
el avestruz

Löwe
el león

Affe
el mono

Flamingo
el flamenco

Papagei
el loro

Eisbär
el oso polar

Pinguin
el pingüino

Hai
el tiburón

Pfau
el pavo real

Schlange
la serpiente

Krokodil
el cocodrilo

Zoowärter
el cuidador del zoológico

Robbe
la foca

Jaguar
el jaguar

Pony

el poni

Leopard

el leopardo

Nilpferd

el hipopótamo

Giraffe

la jirafa

Adler

el águila

Wildschwein

el jabalí

Fisch

el pescado

Schildkröte

la tortuga

Walross

la morsa

Fuchs

el zorro

Gazelle

la gacela

American Football
el fútbol americano

Radfahren
el ciclismo

Tennis
el tenis

Basketball
el básquet

Schwimmen
la natación

Boxen
el boxeo

Eishockey
el hockey sobre hielo

Fußball
el fútbol

Badminton
el bádminton

Leichtathletik
el atletismo

Handball
el handball

Skilaufen
el esquí

Polo
el polo

Aktivitäten
las actividades

lachen
reír
springen
saltar
umarmen
abrazar
gehen
caminar
singen
cantar
träumen
soñar
beten
rezar
küssen
besar

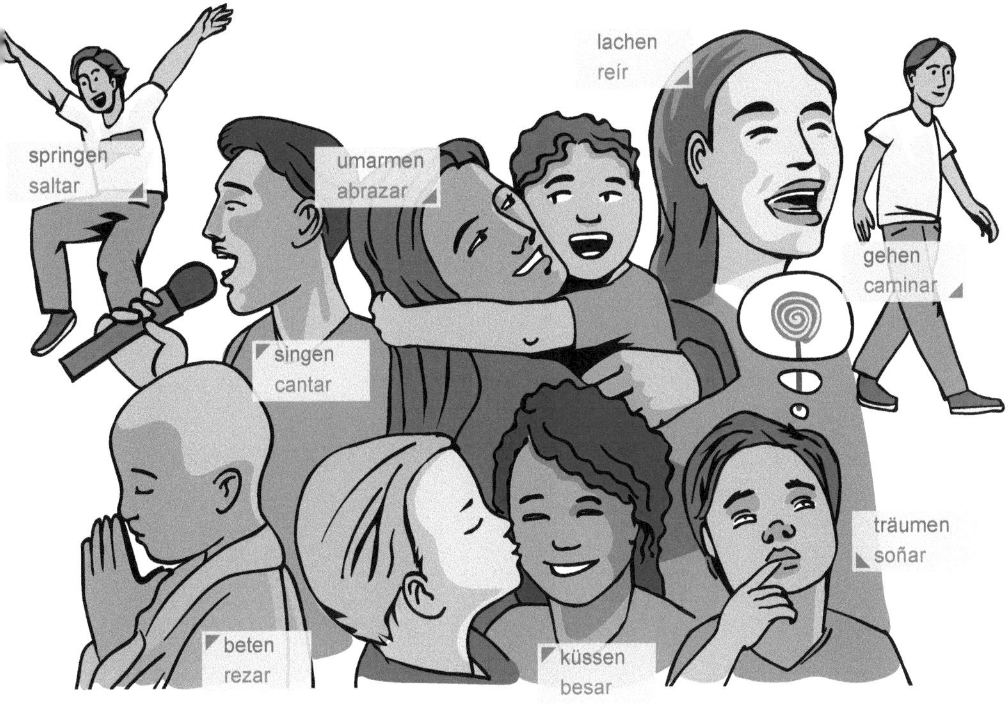

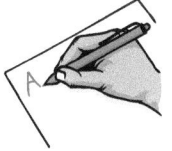

schreiben

escribir

zeichnen

dibujar

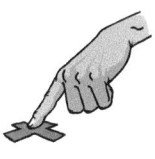

zeigen

mostrar

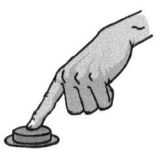

drücken

presionar

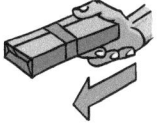

geben

dar

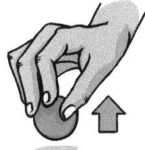

nehmen

tomar

haben
tener

tun
hacer

sein
ser

stehen
estar parado

laufen
correr

ziehen
tirar

werfen
tirar

fallen
caer

liegen
estar acostado

warten
esperar

tragen
llevar

sitzen
estar sentado

anziehen
vestirse

schlafen
dormir

aufwachen
despertar

ansehen
mirar

weinen
llorar

streicheln
acariciar

kämmen
peinar

reden
hablar

verstehen
entender

fragen
preguntar

hören
escuchar

trinken
beber

essen
comer

aufräumen
ordenar

lieben
amar

kochen
cocinar

fahren
manejar

fliegen
volar

segeln

navegar

rechnen

calcular

lesen

leer

lernen

aprender

arbeiten

trabajar

heiraten

casarse

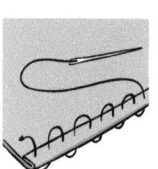

nähen

coser

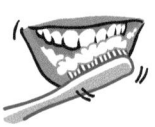

Zähne putzen

cepillarse los dientes

töten

matar

rauchen

fumar

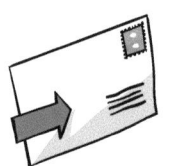

senden

enviar

Familie
la familia

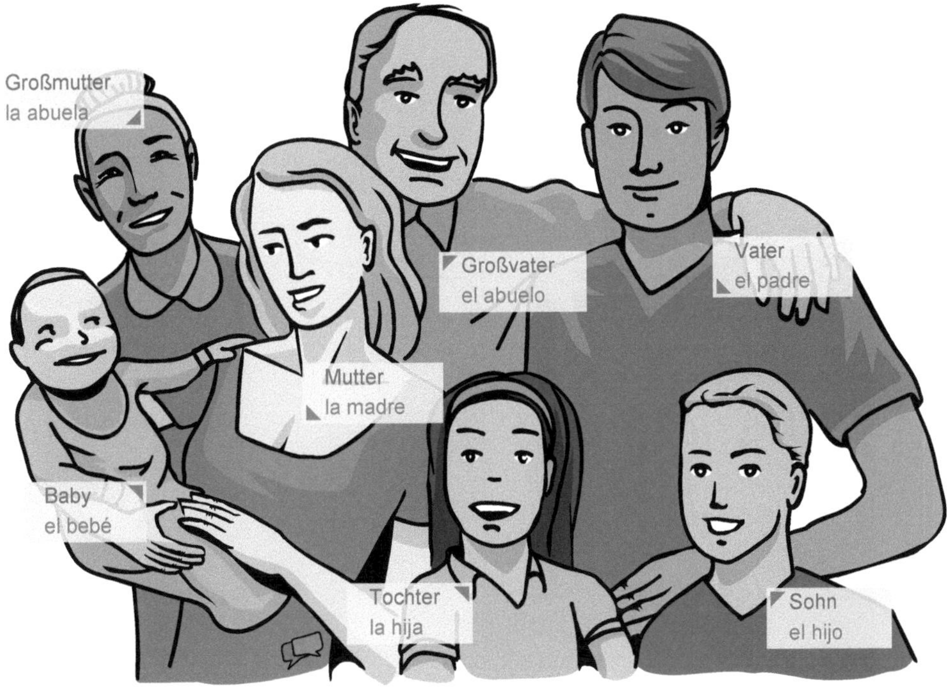
Großmutter
la abuela
Großvater
el abuelo
Vater
el padre
Mutter
la madre
Baby
el bebé
Tochter
la hija
Sohn
el hijo

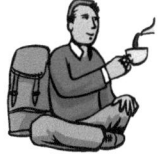

Gast

el invitado

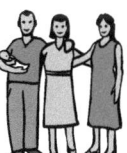

Tante

la tía

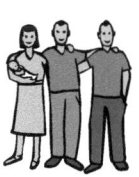

Onkel

el tío

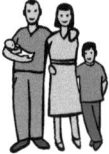

Bruder

el hermano

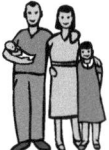

Schwester

la hermana

Körper

el cuerpo

Stirn
la frente
Auge
el ojo
Schulter
el hombro
Finger
el dedo
Gesicht
la cara
Kinn
la pera
Hand
la mano
Bein
la pierna
Brust
el pecho
Arm
el brazo

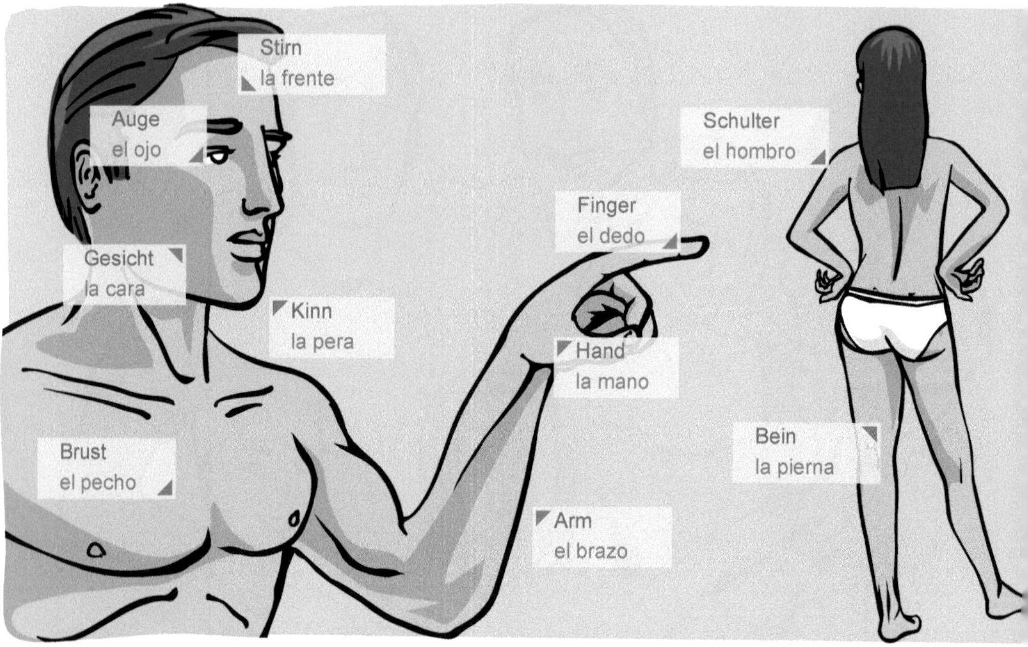

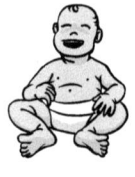

Baby

el bebé

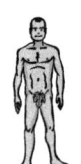

Mann

el hombre

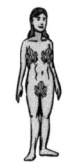

Frau

la mujer

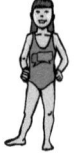

Mädchen

la nena

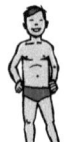

Junge

el nene

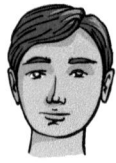

Kopf

la cabeza

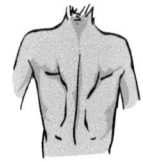

Rücken

la espalda

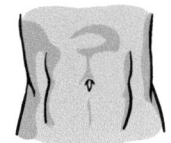

Bauch

la panza

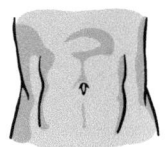

Nabel

el ombligo

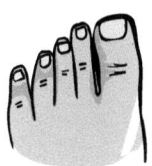

Zeh

el dedo del pie

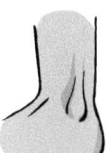

Ferse

el talón

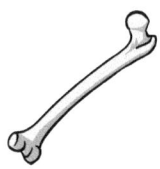

Knochen

el hueso

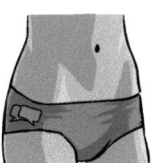

Hüfte

la cadera

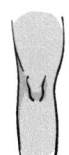

Knie

la rodilla

Ellenbogen

el codo

Nase

la nariz

Gesäß

la cola

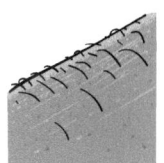

Haut

la piel

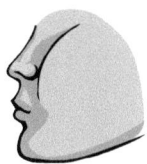

Wange

el cachete

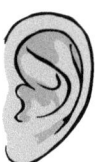

Ohr

la oreja

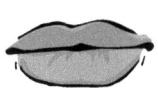

Lippe

el labio

Körper - el cuerpo

Mund

la boca

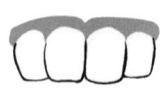

Zahn

el diente

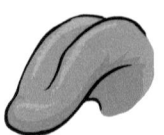

Zunge

la lengua

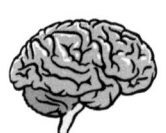

Gehirn

el cerebro

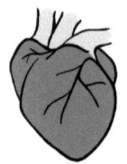

Herz

el corazón

Muskel

el músculo

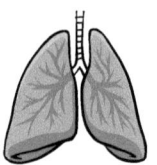

Lunge

el pulmón

Leber

el hígado

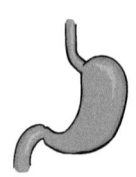

Magen

el estómago

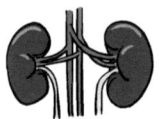

Nieren

los riñones

Geschlechtsverkehr

el sexo

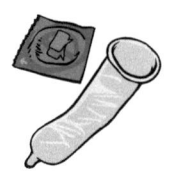

Kondom

el preservativo

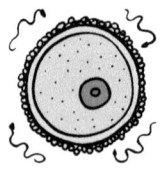

Eizelle

el óvulo

Sperma

el semen

Schwangerschaft

el embarazo

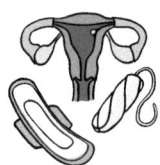

Menstruation

la menstruación

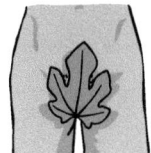

Vagina

la vagina

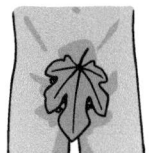

Penis

el pene

Augenbraue

la ceja

Haar

el pelo

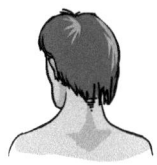

Hals

el cuello

Krankenhaus
el hospital

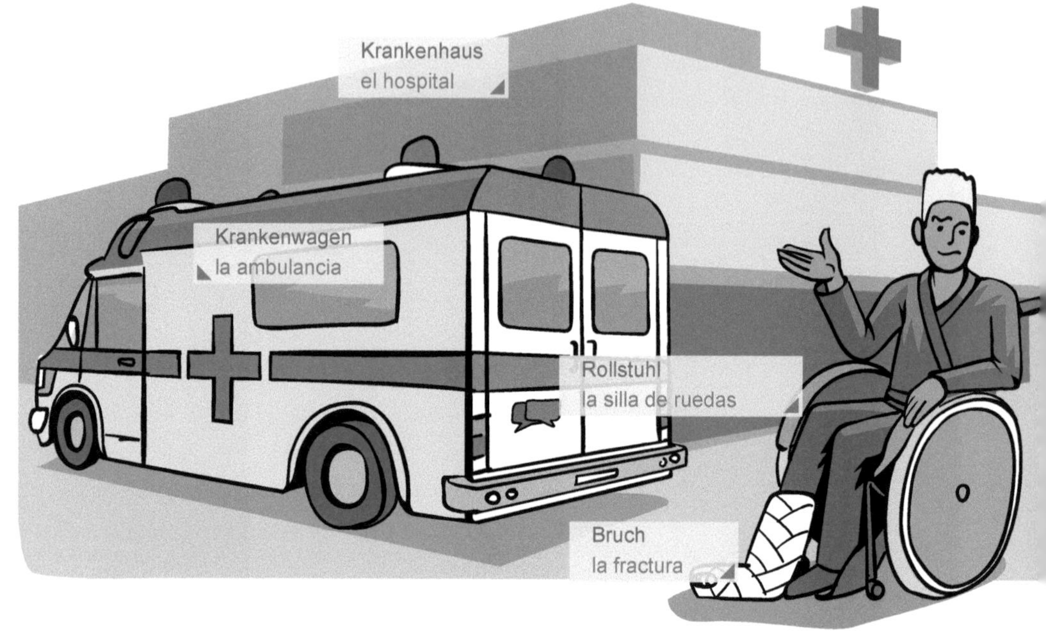

Krankenhaus
el hospital
Krankenwagen
la ambulancia
Rollstuhl
la silla de ruedas
Bruch
la fractura

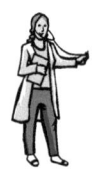

Arzt

el médico

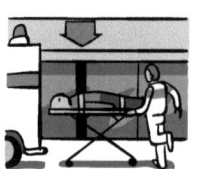

Notaufnahme

la sala de guardia

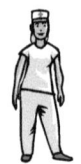

Krankenschwester

la enfermera

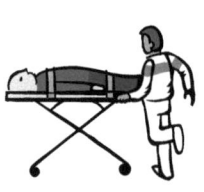

Notfall

la emergencia

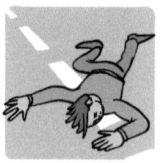

ohnmächtig

inconsciente

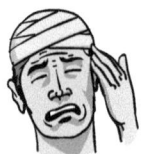

Schmerz

el dolor

Verletzung

la lesión

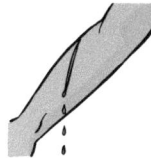

Blutung

la hemorragia

Herzinfarkt

el infarto

Schlaganfall

el ACV

Allergie

la alergia

Husten

la tos

Fieber

la fiebre

Grippe

la gripe

Durchfall

la diarrea

Kopfschmerzen

el dolor de cabeza

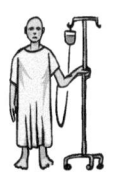

Krebs

el cáncer

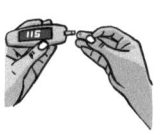

Diabetis

la diabetes

Chirurg

el cirujano

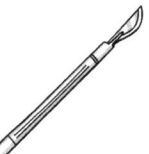

Skalpell

el bisturí

Operation

la operación

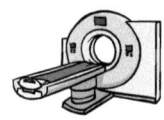

CT
la TC

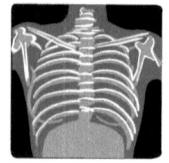

Röntgen
los rayos x

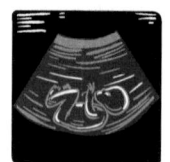

Ultraschall
la ecografía

Maske
el barbijo

Krankheit
la enfermedad

Wartezimmer
la sala de espera

Krücke
la muleta

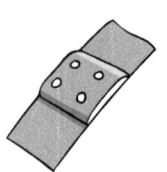

Pflaster
la curita

Verband
la venda

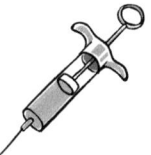

Injektion
la inyección

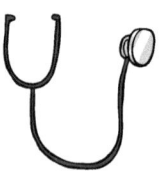

Stethoskop
el estetoscopio

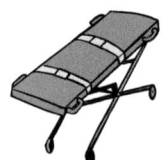

Trage
la camilla

Thermometer
el termómetro

Geburt
el nacimiento

Übergewicht
el sobrepeso

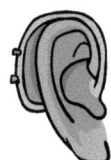

Hörgerät

el audífono

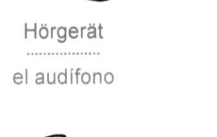

Desinfektionsmittel

el desinfectante

Infektion

la infección

Virus

el virus

HIV / AIDS

el VIH / SIDA

Medizin

el remedio

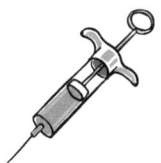

Impfung

la vacunación

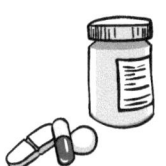

Tabletten

los comprimidos

Pille

la pastilla anticonceptiva

Notruf

la llamada de emergencia

Blutdruck-Messgerät

el tensiómetro

krank / gesund

enfermo / sano

Alarm

la alarma

Überfall

la agresión

Hilfe!

¡Ayuda!

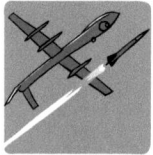

Angriff

el ataque

Gefahr

el peligro

Notausgang

la salida de emergencia

Feuer!

¡Fuego!

Feuerlöscher

el matafuego

Unfall

el accidente

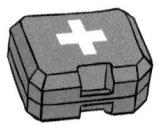

Erste-Hilfe-Koffer

el botiquín de primeros
auxilios

SOS

el SOS

Polizei

la policía

Europa

Europa

Nordamerika

América del Norte

Südamerika

América del Sur

Afrika

África

Asien

Asia

Australien

Australia

Atlantik

el Atlántico

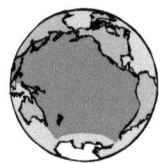

Pazifik

el Pacífico

Indischer Ozean

el Océano Índico

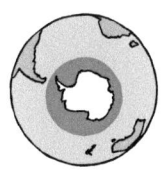

Antarktischer Ozean

el Océano Antártico

Arktischer Ozean

el Océano Ártico

Nordpol

el polo norte

Südpol

el polo sur

Antarktis

la Antártida

Erde

la Tierra

Land

la tierra

Meer

el mar

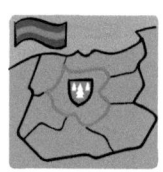

Insel

la isla

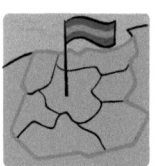

Nation

la nación

Staat

el estado

Zifferblatt

la esfera

Stundenzeiger

la manecilla de las horas

Minutenzeiger

el minutero

Sekundenzeiger

el segundero

Wie spät ist es?

¿Qué hora es?

Tag

el día

Zeit

la hora

jetzt

ahora

Digitaluhr

el reloj digital

Minute

el minuto

Stunde

la hora

Woche

la semana

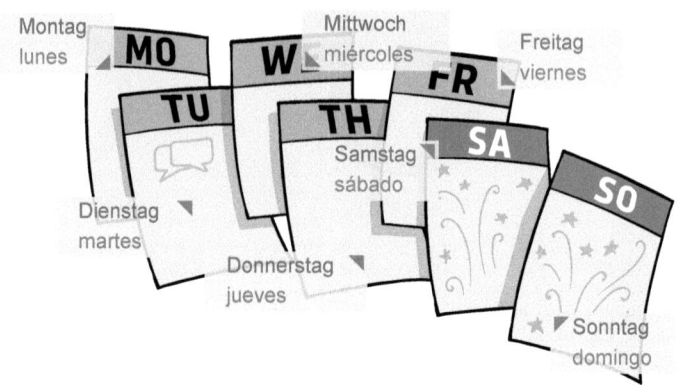

Montag / lunes
Mittwoch / miércoles
Freitag / viernes
Dienstag / martes
Donnerstag / jueves
Samstag / sábado
Sonntag / domingo

gestern
ayer

heute
hoy

morgen
mañana

Morgen
la mañana

Mittag
el mediodía

Abend
la tarde

MO	TU	WE	TH	FR	SA	SU
1	2	3	4	5	6	7
8	9	10	11	12	13	14
15	16	17	18	19	20	21
22	23	24	25	26	27	28
29	30	31	1	2	3	4

Arbeitstage
los días hábiles

MO	TU	WE	TH	FR	SA	SU
1	2	3	4	5	6	7
8	9	10	11	12	13	14
15	16	17	18	19	20	21
22	23	24	25	26	27	28
29	30	31	1	2	3	4

Wochenende
el fin de semana

Jahr
el año

Regen
la lluvia
Schnee
la nieve
Wind
el viento
Frühling
la primavera
Herbst
el otoño
Sommer
el verano
Winter
el invierno

4.APRIL 11°
5.APRIL 4°
6.APRIL 13°
7.APRIL 8°
8.APRIL 10°

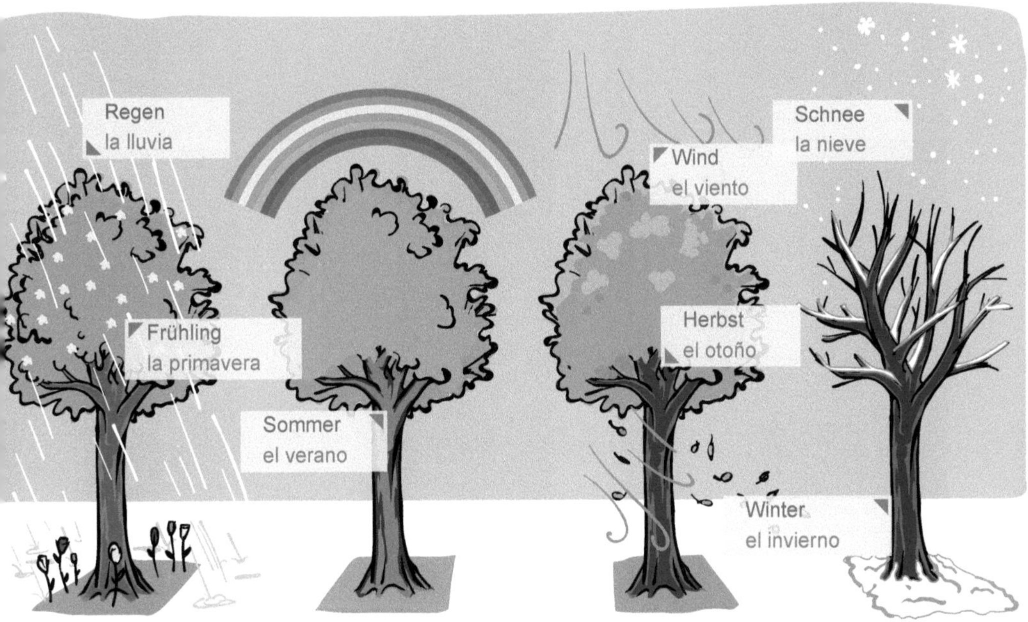

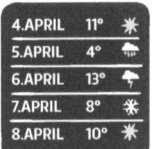

Wettervorhersage

el pronóstico meteorológico

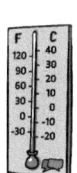

Thermometer

el termómetro

Sonnenschein

la luz del sol

Wolke

la nube

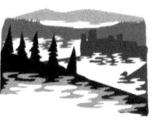

Nebel

la niebla

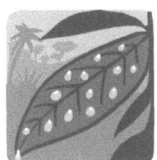

Luftfeuchtigkeit

la humedad

Blitz

el rayo

Donner

el trueno

Sturm

la tormenta

Hagel

el granizo

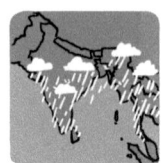

Monsun

el monzón

Flut

la inundación

Eis

el hielo

Januar

enero

Februar

febrero

März

marzo

April

abril

Mai

mayo

Juni

junio

Juli

julio

August

agosto

September
....
septiembre

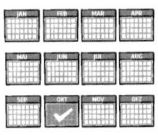

Oktober
....
octubre

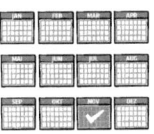

November
....
noviembre

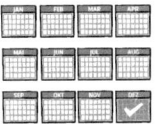

Dezember
....
diciembre

Kreis
....
el círculo

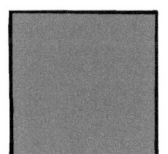

Quadrat
....
el cuadrado

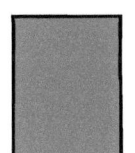

Rechteck
....
el rectángulo

Dreieck
....
el triángulo

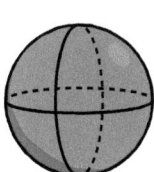

Kugel
....
la esfera

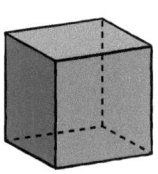

Würfel
....
el cubo

weiß

blanco

gelb

amarillo

orange

naranja

pink

rosa

rot

rojo

lila

violeta

blau

azul

grün

verde

braun

marrón

grau

gris

schwarz

negro

viel / wenig

mucho / poco

wütend / friedlich

enojado / tranquilo

hübsch / hässlich

lindo / feo

Anfang / Ende

el principio / el fin

groß / klein

grande / chico

hell / dunkel

claro / oscuro

Bruder / Schwester

el hermano / la hermana

sauber / schmutzig

limpio / sucio

vollständig / unvollständig

completo / incompleto

Tag / Nacht

el día / la noche

tot / lebendig

muerto / vivo

breit / schmal

ancho / angosto

genießbar / ungenießbar

comestible / no comestible

böse / freundlich

malo / amable

aufgeregt / gelangweilt

entusiasmado / aburrido

dick / dünn

gordo / flaco

zuerst / zuletzt

primero / último

Freund / Feind

el amigo / el enemigo

voll / leer

lleno / vacío

hart / weich

duro / blando

schwer / leicht

pesado / liviano

Hunger / Durst

el hambre / la sed

krank / gesund

enfermo / sano

illegal / legal

ilegal / legal

intelligent / dumm

inteligente / estúpido

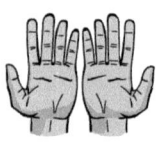

links / rechts

izquierda / derecha

nah / fern

cerca / lejos

neu / gebraucht

nuevo / usado

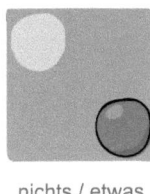

nichts / etwas

nada / algo

alt / jung

viejo / joven

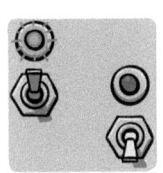

an / aus

encendido / apagado

offen / geschlossen

abierto / cerrado

leise / laut

silencioso / ruidoso

reich / arm

rico / pobre

richtig / falsch

correcto / incorrecto

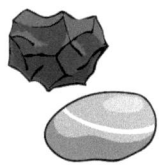

rau / glatt

áspero / suave

traurig / glücklich

triste / contento

kurz / lang

corto / largo

langsam / schnell

lento / rápido

nass / trocken

mojado / seco

warm / kühl

caliente / frío

Krieg / Frieden

guerra / paz

0	**1**	**2**
null	eins	zwei
cero	uno	dos

3	**4**	**5**
drei	vier	fünf
tres	cuatro	cinco

6	**7**	**8**
sechs	sieben	acht
seis	siete	ocho

9	**10**	**11**
neun	zehn	elf
nueve	diez	once

12
zwölf
doce

13
dreizehn
trece

14
vierzehn
catorce

15
fünfzehn
quince

16
sechzehn
dieciséis

17
siebzehn
diecisiete

18
achtzehn
dieciocho

19
neunzehn
diecinueve

20
zwanzig
veinte

100
hundert
cien

1.000
tausend
mil

1.000.000
million
el millón

Englisch

el inglés

Amerikanisches Englisch

el inglés americano

Chinesisch Mandarin

el chino mandarín

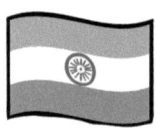

Hindi

el hindi

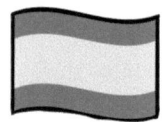

Spanisch

el español

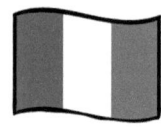

Französisch

el francés

Arabisch

el árabe

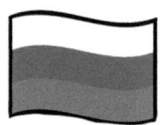

Russisch

el ruso

Portugiesisch

el portugués

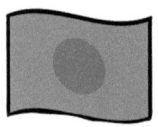

Bengalisch

el bengalí

Deutsch

el alemán

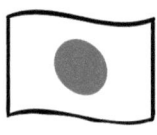

Japanisch

el japonés

ich
yo

du
vos

er / sie / es
él / ella

wir
nosotros

ihr
ustedes

sie
ellos

wer?
¿quién?

was?
¿qué?

wie?
¿cómo?

wo?
¿dónde?

wann?
¿cuándo?

Name
el nombre

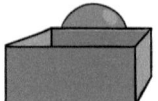

hinter

detrás

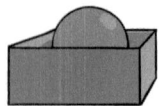

in

en

vor

adelante de

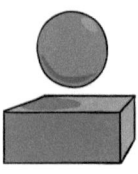

über

por encima de

auf

sobre

unter

debajo de

neben

al lado de

zwischen

entre

Ort

el lugar